Conserves familiales

Stérilisées, sèchées, à l'alcool

Odette PERRIN

Photos : J.L. Syren / S.A.E.P.

La coordination de cette collection est assurée par Paulette Fischer.

EDITIONS S.A.E.P.
INGERSHEIM 68000 COLMAR

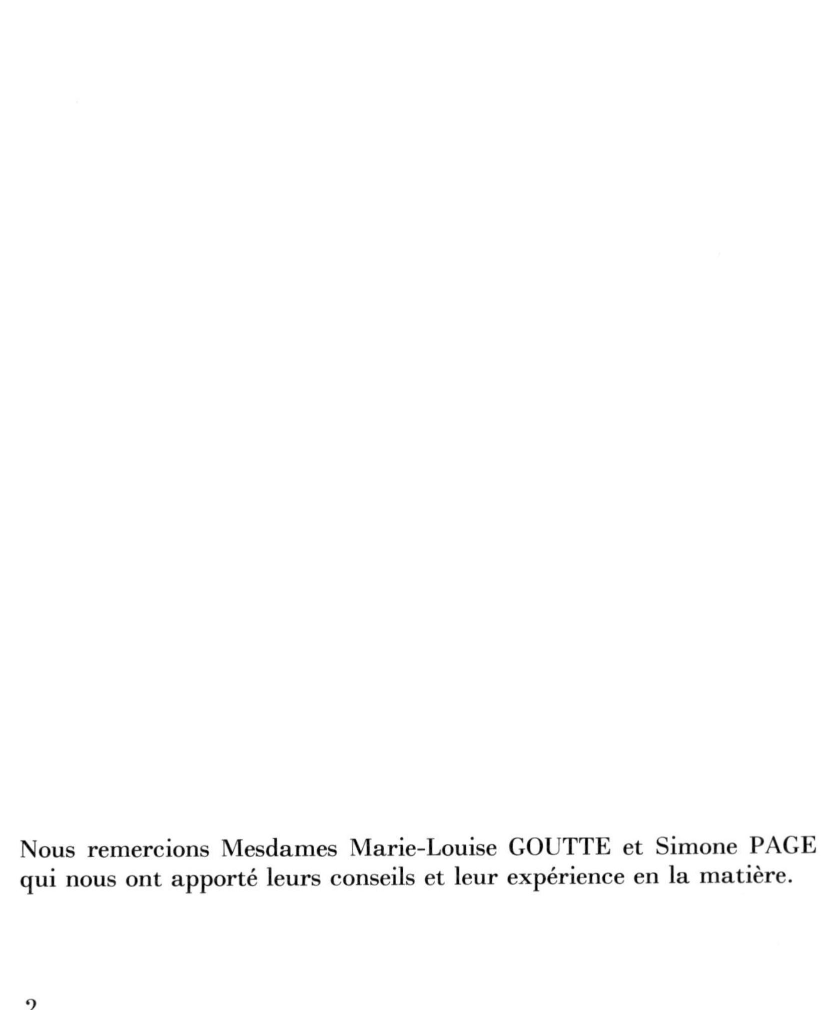

Nous remercions Mesdames Marie-Louise GOUTTE et Simone PAGE qui nous ont apporté leurs conseils et leur expérience en la matière.

Les procédés modernes utilisés actuellement pour la préparation de produits de qualité en matière de conserves alimentaires mettent à la disposition du consommateur une gamme extrêmement variée de denrées d'origine végétale ou animale.

Il n'en n'est pas moins vrai que de nombreuses maîtresses de maison ont gardé l'habitude de préparer elles-mêmes leurs conserves, ce qui, en leur faisant réaliser une économie incontestable (surtout lorsqu'il s'agit des produits du verger, du jardin, de la basse-cour ou de la chasse), leur permet d'utiliser des recettes variables, modernes ou anciennes, mettant en valeur leurs talents culinaires. Ils feront apprécier pendant la longue saison d'hiver, d'excellentes et multiples préparations très proches des denrées fraîches, gardant une originalité impossible à retrouver dans les conserves de série.

Votre palais et bien sûr celui de vos commensaux n'auront qu'à s'en féliciter.

A QUELLE EPOQUE DOIT-ON FAIRE LES CONSERVES

Mai-juin

Rhubarbe, asperges, épinards, fraises, carottes.

Juin-juillet

Petits pois, cerises, rhubarbe, macédoine de légumes, carottes.

Juillet

Epinards, haricots verts, abricots, framboises, groseilles, cornichons.

Août

Myrtilles, tomates, fonds d'artichauts, cornichons, champignons, pêches, prunes, mirabelles, abricots.

Septembre

Chou-fleur, gibier, tomates, poires, raisins, pruneaux, artichauts, prunes.

Octobre

Chou-fleur, poires, salsifis, coings, pommes, artichauts, gibier.

Novembre-décembre

Céleri-rave, gibier, foie gras, pâté de viande.

En toutes saisons

Pâtés de viande.

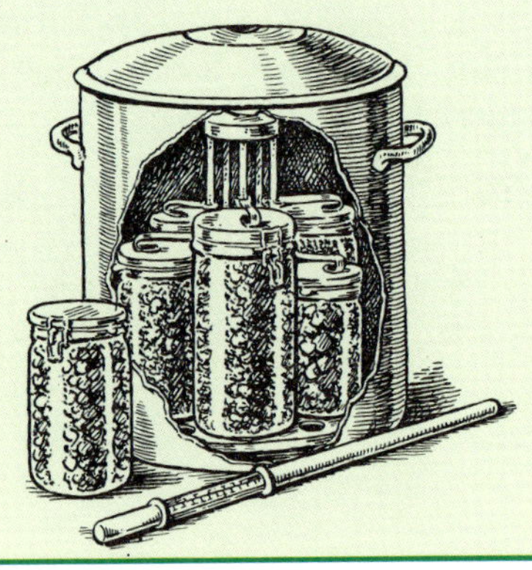

POUR REUSSIR PARFAITEMENT VOS CONSERVES

- Posséder un stérilisateur en parfait état.
- Vérifier les bocaux afin de s'assurer qu'ils ne sont pas ébréchés.
- Pour chaque utilisation acheter de nouveaux joints en caoutchouc bien souples.
- Ne mettre en conserve que des produits sains, propres et frais, si possible juste cueillis.
- Laver conciencieusement les bocaux, les couvercles, et les passer à l'eau bouillante au moment de l'emploi.
- Ne jamais remplir les bocaux totalement, laisser 2 centimètres de vide pour éviter qu'ils éclatent.
- Maintenir les bocaux par des étriers ou les envelopper complètement de linge.
- Bien respecter le temps conseillé et le degré de stérilisation à atteindre (baisser légèrement le chauffage dès qu'il est atteint pour maintenir la stérilisation au degré prévu).
- Les bocaux placés dans le stérilisateur doivent toujours être couverts d'eau (2 cm au-dessus) pour qu'ils n'éclatent pas.
- Toutes les conserves doivent être entreposées dans un endroit frais et sec et à l'abri de la lumière.
- Certains légumes nécessitent un blanchiment pour éviter leur noircissement ou leur décoloration souvent dus à une oxydation. Il consiste en une immersion dans de l'eau bouillante pendant 5 minutes, suivie d'un refroidissement immédiat sous l'eau froide.
- Les quantités de fruits ou de légumes ne doivent pas être trop importantes pour que les diverses manipulations soient faites rapidement et éviter l'altération des produits.
- Pour les légumes tels que asperges, champignons, haricots, pois, on peut effectuer la stérilisation en deux temps, soit 1 heure le premier jour, après refroidissement, sortir les bocaux et le lendemain faire stériliser le reste du temps conseillé.
- Pour réussir parfaitement les conserves de viandes par la stérilisation, il faut choisir des viandes fraîches et saines. Les mains et le matériel doivent être parfaitement propres. La viande doit être préparée comme pour une utilisation immédiate, salée, poivrée, épicée à point. Les viandes contenant parfois des germes très dangereux, difficiles à détruire, il est conseillé de procéder le lendemain à une seconde cuisson (30 minutes), sans toucher à la fermeture.

CONGELER DES FRUITS

Tous les fruits en principe se prêtent à la congélation, comme la plupart vont de la cueillette au congélateur sans préparation, ils gardent leur parfum et leur fraîcheur d'une façon remarquable.

Les fruits peuvent être congelés tels quels ou saupoudrés de sucre cristallisé. Les groseilles pourront être mises à congeler en grappes, ce qui permet de les utiliser en décor de plat.

Pour les retrouver intacts, les étaler sur un plateau à tarte en les espaçant bien. Couvrir le plateau avec du papier d'aluminium pour protéger les fruits et dès qu'ils sont congelés les mettre soit en sachets, soit dans un récipient spécialement conçu, genre barquette en plastique alimentaire ou en aluminium.

Ne pas oublier d'étiqueter.

Durée de conservation : en principe pas plus de 10 mois.

CONSERVE DE FRUITS PAR DESSICCATION

On conserve très bien les fruits en les desséchant. Ils tiennent peu de place, sont délicieux et se servent en apéritif ou en dessert.

Le procédé actuel consiste à les ranger, la queue en l'air, sur des claies que l'on introduit dans une étuve spéciale. Pour pouvoir les garder plusieurs mois, dès que les fruits sont séchés sans être trop durs, les mettre dans des bocaux, les porter à ébullition et arrêter aussitôt, ils seront délicieux et moelleux.

Jadis les fruits posés sur des clayettes étaient mis dans le four à pain, après sa cuisson, ou dans le four de la cuisinière où ils séjournaient une douzaine d'heures. Actuellement ils peuvent être également mis dans un four à gaz ou électrique, en laissant la porte ouverte, à chaleur minimum (th. 1) pour s'y dessécher.

Les fruits doivent être laissés à l'air libre pendant 3 heures à leur sortie du four.

Abricots au naturel

Par bocal d'un litre : 3 cuillerées à soupe de sucre / 10 noyaux d'abricots.

Choisir des abricots sains, les essuyer et les partager en deux, les ranger dans les bocaux en les serrant, la partie arrondie tournée vers le haut (éviter de laisser du vide), jusqu'à 2 centimètres du couvercle.

Casser les noyaux, récupérer les amandes, les éplucher et les glisser dans chaque bocal.

Ajouter le sucre en poudre.

Fermer et amener la stérilisation à 85° pendant 10 minutes.

Abricots au sirop

Sirop : 500 g. de sucre par litre d'eau / 10 noyaux par bocal.

Les abricots peuvent être un peu plus mûrs que pour les abricots au naturel, mais quand même fermes sous la pression du doigt.

Remplir les bocaux avec les oreillons d'abricots, ajouter les amandes des noyaux et couvrir jusque 2 cm du bord avec le sirop à 30° au pèse-sirop.

Fermer et stériliser à 85° pendant 10 minutes.

Pour obtenir du sirop à 30° Baumé, attendre que le sucre en ébullition commence à épaissir, en prendre entre le pouce et l'index mouillés, écarter les deux doigts, le sucre doit former un fil ténu, c'est la cuisson au filé.

Airelles au naturel

Trier les fruits, les laver, les essuyer délicatement et les mettre dans des petits bocaux (bocaux de 300 g. environ), ne rien ajouter.

Fermer les bocaux et porter à 90° pendant 10 minutes. Laisser refroidir.

Ces airelles accompagneront très bien les viandes de gibier.

Laver, essuyer et creuser des pommes. Les mettre cuire 15 minutes avec un peu d'eau. Les remplir d'airelles au naturel, servir autour de la viande.

Airelles au sirop

30 g. de sucre par bocal de 250 g.

Trier les fruits, enlever ceux qui sont abîmés, les rincer et les faire sécher. Les mettre en petits bocaux de 250 g., sucrer.

Faire stériliser pendant 10 minutes à 85°.

Myrtilles

60 g. de sucre en poudre par bocal de 500 g.

Eliminer les petites brindilles se trouvant dans les myrtilles, les essuyer, les mettre en bocaux de 500 g., y ajouter le sucre en poudre, ne pas tasser les fruits.

Mettre à stériliser 10 minutes à 90°.

Laisser refroidir les bocaux dans l'eau.

REMPLISSAGE

Cerises au naturel

Cerises douces : 3 cuillerées à soupe de sucre en poudre. Cerises aigres (griottes) : 5 cuillerées à soupe de sucre en poudre.

Choisir des cerises mûres et fermes à point, très saines, les mettre dans des bocaux et ajouter le sucre en poudre.

Faire stériliser en portant à 100° et maintenir 5 minutes.

Cerises au sirop

Bigarreaux / Sirop : 300 g. de sucre par litre d'eau.

Remplir les bocaux de cerises jusque 2 cm du bord. Amener à ébullition l'eau et le sucre, laisser refroidir.

Verser sur les cerises et les couvrir complètement. Fermer les bocaux.

Amener la cuisson à 100° et la prolonger 5 minutes.

Les cerises égouttées peuvent servir à la fabrication d'un clafoutis ou à garnir un fond de tarte cuit au préalable ; napper les cerises de leur jus très réduit.

Dénoyautées, passées au moulin et additionnées d'un sirop fait de 100 g. de sucre et 1 verre d'eau par 500 g. de pulpe, on obtient un coulis qui sert à napper une glace, un sorbet ou une charlotte.

Pour en faire des salades de fruits, il est possible de mélanger cerises, fraises et groseilles pour remplir les bocaux.

Conserves de framboises

Framboises / 750 g. de sucre par litre d'eau / 1/2 gousse de vanille.

Faire un sirop vanillé avec le sucre, l'eau et la vanille fendue, l'amener à 30°.

Pendant ce temps, ranger les framboises bien serrées dans des flacons à large goulot.

Après avoir retiré la vanille, verser le sirop bouillant sur les fruits et boucher hermétiquement dès que le bocal est rempli. Procéder pareillement pour chaque bocal.

Laisser tiédir puis mettre au frais 24 heures. Après ce temps, s'assurer que le flacon est bien fermé ; il faut que le couvercle adhère.

Conserves de fraises

Pour 1 kg. de fraises, 250 g. de sucre.

Mélanger fruits et sucre et les laisser macérer au frais 24 heures.

Les mettre en bocaux, fermer hermétiquement.

Arrêter le feu aussitôt qu'il se forme des bulles dans l'eau du stérilisateur (85°). Egoutter les bocaux après refroidissement.

Elles peuvent servir à fourrer un gâteau ou à confectionner une glace (après les avoir réduites en purée et filtrées) ou accompagner une brioche, un quatre-quart.

On peut également les utiliser, comme les cerises ou autres fruits rouges, pour faire un coulis.

Groseilles au naturel

Cueillir les groseilles, les laver, les égoutter, les égrapper, les mettre en bocaux, fermer et stériliser 10 minutes à 85°.

Elles servent à faire des sirops ou à garnir des tartes.

On peut aussi faire un flan. Par personne : émietter une biscotte, napper d'un œuf battu avec 1 cuillerée de sucre et 1 cuillerée de crème fraîche. Couvrir de groseilles et passer 15 minutes au four.

Conserves de marrons

Choisir des marrons très sains.

Fendre la peau sur la moitié de la longueur. Les passer 5 minutes à l'eau bouillante pour les blanchir, enlever les 2 peaux ensemble.

Mettre en bocaux d'un litre sans eau ni sel, faire stériliser 1 heure 30 minutes.

Mirabelles au naturel

2 cuillerées à soupe de sucre en poudre par bocal.

Prendre des mirabelles non tachées, enlever les queues et les noyaux et remplir les bocaux. Verser dessus 2 cuillerées à soupe de sucre, fermer les bocaux et les retourner sur le couvercle ; les placer dans une pièce fraîche.

Attendre 24 heures avant de les porter à ébullition (85°) et arrêter le feu. Egoutter les bocaux .

Ces mirabelles servent à garnir des tartes ou à faire un clafoutis ou un gâteau aux mirabelles.

Ecorces d'oranges au sirop

Pour 1 kg. d'écorces d'oranges il faut 1 kg. de sucre.

Choisir des oranges non traitées, les laver, les brosser et les sécher. Les éplucher en spirale.

Mettre les écorces dans une casserole, les couvrir d'eau, porter à ébullition, laisser cuire doucement jusqu'à ce que les écorces deviennent tendres.

Retirer du feu, couvrir la casserole et laisser le tout pendant 4 jours en changeant l'eau 2 fois par jour.

Dans une casserole mettre 1/4 lit. d'eau, le sucre, et faire cuire en sirop assez épais, y plonger les écorces, les laisser cuire 15 minutes. Laisser refroidir, remplir de très petits pots aux 3/4 et répartir le sirop dessus.

Fermer hermétiquement et porter à ébullition 20 minutes.

Ces écorces apportent un parfum agréable aux salades de fruits.

Mirabelles au sirop

Sirop : 300 g. de sucre par litre d'eau.

Enlever les queues des mirabelles, laisser les noyaux, mettre en bocaux, couvrir les mirabelles de sirop.

Fermer les bocaux, les retourner et les laisser reposer pendant 24 heures au frais.

Stériliser à 85° et arrêter le feu.

Pêches au sirop

Pour 10 bocaux : prévoir 3 lit. de sirop (400 g. de sucre par litre d'eau) / 13 oreillons par bocal d'un litre.

Porter le sucre et l'eau à ébullition.

Remplir les bocaux jusqu'à 2 cm du bord, verser le sirop sur les fruits (1 louche et demie par bocal).

Placer les bocaux dans le stérilisateur et porter à 85° pendant 5 minutes.

A utiliser pour faire des pêches melba ou les couper en cubes, pour mettre dans de la salade de fruits.

Quetsches au naturel

1 kg. de quetsches / 25 g. de sucre par bocal.

Laver, ouvrir, dénoyauter les quetsches. Les mettre dans des bocaux aussitôt et saupoudrer de sucre.

Boucher les bocaux et faire stériliser à 90°, 5 minutes.

Poires au vin rouge

1 kg. de poires / 1 lit. de vin rouge / 1 bâton de cannelle / 2 à 3 grains de poivre noir / 1 clou de girofle.

Verser le vin rouge dans un récipient en inox ou en émail.

Peler les poires fermes et entières sans les équeuter et les mettre aussitôt dans le vin. Elles doivent y baigner.

Mettre dans une gaze le bâton de cannelle fendue, les grains de poivre noir, le clou de girofle.

Mettre sur feu doux, ajouter les épices et porter à ébullition, baisser le feu et laisser frémir 20 minutes afin que les poires s'imprègnent de la couleur et de la saveur du vin. Arrêter la cuisson et sortir les fruits dès qu'ils ont légèrement refroidis.

Mettre les poires en bocaux, répartir le sirop et faire stériliser les bocaux à 85° pendant 10 minutes.

Poires au sirop

1 kg. de poires (genre William) / Eau citronnée : 1 citron par litre d'eau / Sirop : 600 g. de sucre par litre d'eau / 2 citrons pour 4 bocaux.

Porter l'eau et le sucre à ébullition. Laisser refroidir.

Eplucher et couper les poires en 4, les passer dans l'eau citronnée, les ranger dans des bocaux et couvrir de sirop refroidi. Répartir le jus des citrons.

Stériliser 20 minutes à 90°.

Raisin au sirop

400 g. de sucre par litre d'eau (pour 4 bocaux).

Préparer le sirop et le laisser refroidir.

Laver, essuyer et mettre les grains de raisin dans les bocaux, couvrir avec le sirop.

Fermer les bocaux, faire stériliser à 100° et arrêter le chauffage.

Fonds d'artichauts

Artichauts / 2 citrons par litre d'eau / Sel.

Nettoyer les artichauts, les faire cuire, enlever les feuilles pour les consommer immédiatement.

Enlever le foin des fonds, ranger ceux-ci dans des bocaux en les plaçant si possible l'un sur l'autre sans qu'il y ait trop de vide autour. Recouvrir d'eau bouillie très citronnée et salée légèrement.

Faire cuire 45 minutes à 100°.

Violets de Provence au naturel

20 petits artichauts / 4 citrons / Sel / Saumure : 1 jus de citron, sel, 1 lit. d'eau.

Choisir 20 petits artichauts bien frais, les nettoyer, casser la queue, enlever les feuilles externes, couper le bout des feuilles avec des ciseaux.

Plonger les artichauts dans une casserole d'eau bouillante salée et additionnée du jus des citrons. Faire bouillir 10 minutes et les retirer. Les laisser refroidir puis les arranger dans des bocaux. Couvrir aux 3/4 d'eau additionnée d'une demi-cuillerée à café de sel et d'un peu de jus de citron.

Fermer et faire stériliser 1 heure à 100°, laisser refroidir et mettre dans un endroit frais et à l'abri de la lumière.

Asperges au naturel

Asperges fraîchement cueillies / Vinaigre / Saumure : 25 g. de sel par litre d'eau bouillie.

Choisir des asperges courtes et de même longueur. Les peler soigneusement, les laver à l'eau légèrement vinaigrée. Les mettre à tremper 4 heures à l'eau froide que l'on renouvellera souvent.

Les attacher avec de la ficelle alimentaire par botillons de 10. Les envelopper tous ensemble dans une serviette et les attacher.

Les placer dans un panier métallique, la tête en haut et les plonger dans l'eau bouillante jusqu'à hauteur des têtes pendant 10 minutes.

Vider l'eau, retirer la serviette et les mettre dans l'eau froide, sans immerger les têtes.

Les ranger debout dans les bocaux, la tête en haut. Les couvrir de saumure en laissant 2 cm de vide dans le haut des bocaux.

Fermer hermétiquement et faire stériliser 1 heure à 100°. Laisser légèrement refroidir et retirer les bocaux.

Le lendemain, faire à nouveau stériliser 30 minutes à 100°.

Conserves de betteraves rouges

Par bocal d'un litre, 1 cuillerée à café de sel.

Choisir les betteraves bien fermes, les laver à grande eau, les brosser, les cuire dans leur peau, pour vérifier leur degré de cuisson « à cœur », prendre une aiguille à tricoter et piquer le légume, l'aiguille doit pénétrer facilement.

Les égoutter, les peler, les couper en morceaux, les mettre en bocaux en ajoutant le sel.

Faire stériliser 1 heure 30 minutes à 85°.

Ces betteraves se servent en salade ou peuvent être ajoutées au dernier moment dans une soupe russe.

Carottes au naturel

25 g. de sucre, 5 g. de sel par litre d'eau.

Choisir des carottes jeunes bien tendres, couper le collet verdâtre, les brosser, les gratter légèrement.

Faire bouillir de l'eau salée dans une casserole, verser les carottes et compter 2 minutes d'ébullition. Les égoutter, les mettre en bocaux, les recouvrir d'eau bouillie salée et légèrement sucrée.

Fermer et faire cuire 1 heure à 100° pour les bocaux d'un litre.

Céleri-rave

8 g. de sel pour 1 lit. d'eau.

Peler les céleri-rave, les couper en rondelles épaisses, les laver et les faire blanchir pendant 6 minutes dans de l'eau légèrement salée (attention le sel fait rougir la chair du céleri).

Laisser dégorger pendant une vingtaine de minutes pour bien refroidir. Egoutter.

Mettre en bocaux en pressant bien et couvrir d'eau bouillie froide sans sel. Fermer hermétiquement.

Stériliser une bonne heure à 100°.

On peut se servir de ces céleris pour faire une purée qui accompagnera agréablement le gibier.

Bettes ou céleri branche

10 g. de sel par bocal.

Faire blanchir les tiges de céleri débarrassées de leurs feuilles et coupées en tronçons. Les égoutter.

Les ranger dans des bocaux, saupoudrer de sel et couvrir d'eau en laissant 2 cm de vide.

Stériliser à 100° 1 heure 30 minutes.

Champignons rosés des prés

Bain : 1 demi-citron par litre d'eau / Saumure : 10 g. de sel et 1 jus de citron par litre.

Eplucher les champignons et les jeter dans un bain acidulé. Ils doivent baigner complètement.

Les blanchir 6 minutes à l'eau bouillante salée (3 g. de sel par litre) ; les rafraîchir aussitôt et les égoutter.

Mettre en bocaux d'un demi-litre et les recouvrir de saumure.

Fermer et faire stériliser 1 heure 45 minutes à 100°.

Même procédé pour les champignons de Paris.

Chou-fleur

Chou-fleur / 1 citron et 2 cuillerées à soupe de vinaigre blanc par litre d'eau / Saumure : 10 g. de sel par litre d'eau, 1 jus de citron.

Eplucher et laver les choux-fleurs à l'eau vinaigrée, les blanchir à l'eau bouillante citronnée.

Les placer dans des bocaux de manière à ce qu'il y ait peu de vide. Ajouter de la saumure tiède (10 g. de sel par litre d'eau et 1 jus de citron).

Fermer hermétiquement et cuire 1 heure à 100°.

Pour servir réchauffer les choux-fleurs dans leur jus.

Citrons confits à la Marocaine

Citrons / Sel.

Laver et brosser les citrons. Les fendre en quatre. Saler l'intérieur, les refermer, les entasser dans les bocaux.

Remplir d'eau aux 2/3.

Stériliser 1 heure à 100°.

Pour parfumer les ragoûts de viande, le poisson, le poulet au citron.

Flageolets aux tomates

6 kg. de haricots à écosser / 2 kg. de tomates / 1 gros bouquet garni / 4 oignons / 4 gousses d'ail / 4 clous de girofle / 100 g. de beurre / Sel, poivre / Basilic (facultatif).

Ecosser les haricots, émonder les tomates. Eplucher les oignons et les gousses d'ail.

Faire dorer les oignons émincés et l'ail haché, ajouter les haricots, remuer et faire cuire doucement.

Ajouter les tomates, le bouquet garni et les clous de girofle. Couvrir d'eau bouillante. Laisser cuire doucement en couvrant 1 heure 30 minutes. Saler et poivrer.

Retirer le bouquet garni et les oignons, mettre en bocaux, fermer et stériliser 1 heure 30 minutes à 100°.

Flageolets

Haricots en grains frais / Par bocal : 2 petits oignons, 1 clou de girofle, 2 feuilles de sauge (facultatif). Saumure : 20 g. de sel par litre d'eau bouillie.

Mettre les haricots et les oignons à l'eau froide, amener à ébullition 15 minutes, les rafraîchir, les mettre en bocaux. Ajouter la sauge et le clou de girofle.

Remplir les bocaux de saumure, fermer et stériliser 1 heure 45 minutes.

Haricots verts blanchis

Haricots verts / 20 g. de sel par litre d'eau.

Effiler les haricots, les laver, les faire blanchir à l'eau bouillante, non salée, 4 minutes sans couvrir. Les égoutter, les rafraîchir à l'eau courante. Les égoutter.

Ranger les haricots, bien serrés, dans les bocaux, et les couvrir d'eau salée. Fermer les bocaux hermétiquement et les placer dans le stérilisateur : les bocaux doivent baigner entièrement dans l'eau.

Faire cuire 1 heure 30 minutes à partir de l'ébullition.

Ils peuvent être accommodés avec une fondue d'oignons émincés et de tomates concassées.

Petits pois au naturel

1 cuillerée à café de sel et 1 pincée de sucre par bocal d'un litre.

Choisir des petits pois fins et frais et si possible de première cueillette.

Les écosser, remplir les bocaux, ajouter le sel et le sucre.

Stériliser 2 heures.

Petits pois à l'étuvée

500 g. de petits pois / 60 g. de beurre / 6 petits oignons / 1 petite laitue / 10 g. de sel / 10 g. de sucre.

Mettre dans une cocotte le beurre et les petits pois.

Ajouter les petits oignons épluchés, la laitue coupée en deux, le sel et le sucre.

Couvrir la casserole et laisser cuire sur un feu moyen, faire sauter les petits pois à 3 ou 4 reprises (ne pas les remuer avec une cuillère et ne pas ajouter d'eau).

Les retirer du feu lorsque les pois cèdent sous la pression du doigt.

Les mettre en bocaux en enlevant les oignons et la laitue. Faire stériliser 1 heure 30 minutes.

Petits pois paysans

Par bocal : *Petits pois / Beurre / 1 cœur de laitue / 5 oignons blancs / 1 demi-verre d'eau / 10 g. de sel / 2 morceaux de sucre.*

Blanchir les petits pois et les oignons pendant 5 minutes, les rafraîchir immédiatement à l'eau courante.

Mettre dans les bocaux quelques feuilles de laitue pour garnir le fond, 50 g. de beurre, les petits pois, les oignons et les feuilles de laitue en alternant. Bien tasser.

Ajouter l'eau additionnée du sel et du sucre.

Fermer et stériliser 1 heure 45 minutes.

Salsifis

1 cuillerée de farine / 1 jus de citron / 2 cuillerées de vinaigre / Sel.

Eplucher les salsifis ou scorsonères avec un éplucheur, les tronçonner en bâtons de 5 cm et les mettre au fur et à mesure dans une bassine d'eau vinaigrée.

Dans une casserole délayer la farine avec 1 lit. d'eau froide additionnée du jus de citron, du sel et du vinaigre. Amener à ébullition, y jeter les salsifis et laisser cuire doucement pendant 30 minutes.

Retirer, laisser refroidir les salsifis dans leur eau de cuisson, puis les mettre en bocaux. Stériliser 1 heure 30 minutes à 100°.

Tomates entières au naturel

Saumure : 20 g. de sel par litre d'eau.

Choisir des tomates moyennes et fermes. Les tremper dans l'eau bouillante, les retirer immédiatement, les peler et leur enlever l'attache du pédoncule.

Les ranger dans des bocaux.

Faire bouillir la saumure et la laisser refroidir. Remplir les bocaux avec cette saumure.

Fermer et stériliser 30 minutes à 85°.

Tomates cerises aux petits oignons

1 kg. de petites tomates cerises / 1 botte de petits oignons nouveaux / 3 gousses d'ail frais / 2 branches de thym / 2 feuilles de laurier / 1 cuillerée à thé de sel / 1 cuillerée à thé de sucre / Poivre en grains / 1 cuillerée à thé de graines de cumin.

Eplucher les oignons. Laisser les petits entiers, couper les plus gros en deux.

Plonger les tomates 1 minute dans de l'eau bouillante pour les éplucher facilement. Ranger les tomates dans de petits bocaux, ajouter thym, laurier, sel, sucre, poivre en grains, cumin. Fermer hermétiquement.

Stériliser 20 minutes.

Purée de tomates

1 kg. de tomates / 1 oignon / 1 gousse d'ail / 1 bouquet garni / Sel, poivre.

Choisir des tomates bien mûres, leur enlever l'attache du pédoncule et les couper en quartiers.

Peler l'oignon, l'ail, les mettre avec le bouquet garni et les tomates dans une bassine. Saler, poivrer et faire cuire sans eau et en remuant de temps en temps.

Après 45 minutes, réduire les tomates en purée.

Remplir les bocaux et stériliser 30 minutes à 100°.

Ketchup à la tomate

Tomates / Oignons / Poivrons rouges.
Par kg. de légumes : *25 g. de sucre / 1 gousse d'ail écrasée / Sel, poivre / 1 demi-piment / Moutarde en poudre / Paprika / 2 clous de girofle.*

Faire fondre les tomates émondées, épépinées, hachées, des oignons et des poivrons rouges émincés pendant 45 minutes environ.

Retirer du feu et passer au tamis.

Ajouter du sucre et du vinaigre avec un mélange d'épices (moutarde en poudre, paprika, piments forts, clous de girofle) que l'on place dans un nouet pour l'éliminer à la fin de la cuisson.

Faire cuire le tout à feu doux, 2 heures en remuant souvent, avec une cuillère en bois.

Lorsque la sauce est très épaisse retirer la casserole du feu. Enlever le nouet d'épices et verser le ketchup dans des petites bouteilles propres et ébouillantées jusqu'à 2,5 cm du bord.

Boucher les bouteilles avec des bouchons trempés quelques minutes dans de l'eau bouillante.

Ficeler les bouchons et stériliser les bouteilles 15 à 20 minutes. Laisser refroidir.

Macédoine de légumes

Légumes au choix / Saumure : 30 g. de sel par litre.

Si la ménagère dispose de beaucoup de légumes il est toujours agréable de faire une macédoine.

Il faut : artichauts, choux-fleurs, carottes, navets, haricots verts, flageolets frais, petits pois.

Eplucher les légumes séparément, les laver, les couper en dés de 1 cm environ et les laisser chacun dans une jatte séparée.

Préparer une bassine d'eau bouillante, y faire blanchir artichauts et flageolets, au bout de 5 minutes ajouter carottes, choux-fleurs, navets, haricots. Laisser encore 5 minutes et mettre les pois, prolonger encore la cuisson 5 minutes.

Egoutter et rafraîchir tous les légumes ensemble.

Les placer dans des bocaux et les couvrir de saumure. Fermer hermétiquement.

Stériliser 2 heures.

Ratatouille

2 kg. d'aubergines / 2 kg. de courgettes / 700 g. de poivrons / 2 kg. de tomates / 2 gros oignons / 2 gousses d'ail / Sel, poivre / 1 bouquet garni / Huile.

Laver les aubergines (enlever les pépins si elles sont grosses).

Fendre les poivrons, enlever les graines et la partie blanche.

Eplucher les courgettes, monder les tomates, les égrainer, couper tous les légumes en dés.

Eplucher également oignons, gousses d'ail et les hacher.

Faire fondre les oignons dans un peu d'huile, ajouter les aubergines, les cuire doucement 10 minutes, puis les poivrons, prolonger la cuisson 10 minutes.

Mettre les gousses d'ail écrasées, les courgettes et les tomates épépinées et épluchées, le bouquet garni.

Saler poivrer, cuire doucement pendant 1 heure.

Mettre en bocaux ; fermer et stériliser 45 minutes à 100°.

Escargots

Pour 100 escargots : *2 poireaux / 1 carotte / 1 oignon / Sel, poivre / Bouquet garni.*

Enfermer les escargots dans un grand récipient aéré pour les faire baver et jeûner pendant une semaine. Les laver plusieurs fois à grande eau, en les brossant. Les jeter dans de l'eau salée bouillante, les y laisser quelques minutes, les égoutter et les sortir de leurs coquilles. Les nettoyer minutieusement, les gratter avec un petit couteau effilé et les laver dans plusieurs bains d'eau froide vinaigrée et salée.

Préparer un court-bouillon bien relevé et y faire cuire les escargots pendant 1 heure 30 minutes à 2 heures.

Mettre les escargots en bocaux et y verser le court-bouillon filtré.

Fermer hermétiquement et stériliser 2 heures à 100°.

Terrine de lapin

1 kg. de lapin / 800 g. de collet de porc / Sel, poivre / 1 tranche de lard / Epices à pâté.
Court-bouillon : *Vin blanc / 1 pied de veau / 1 branche de thym / 2 feuilles de laurier / 2 échalotes / 1 oignon.*

Découper le lapin, le couper en dés, le faire macérer au minimum 2 heures dans le vin blanc.

A part, faire un court-bouillon avec 1 pied de veau, les os du lapin, une branche de thym, 1 feuille de laurier, 2 échalotes, 1 gros oignon, 1 lit. d'eau, sel, poivre. Laisser cuire tout doucement plusieurs heures. Il faut 1 bol de liquide quand tout est cuit.

Couper en dés fins le collet de porc et la chair du lapin, saler, poivrer, épicer.

Passer au moulin (grille gros trous) la viande de porc, puis la viande de lapin, ajouter à ce hachis le reste du court-bouillon filtré, bien mélanger et mettre en bocaux. Déposer au-dessus une fine tranche de lard, 1 feuille de laurier, fermer et mettre à stériliser 2 heures à 100°.

Canards sauvages

Par canard : *2 bardes de lard / 1 oignon émincé / Sel, poivre.*

Choisir des canards tués fraîchement. Les vider et les laisser une journée au réfrigérateur.

Le lendemain, les plumer et les nettoyer, puis les barder de lard, les faire revenir à la casserole, ajouter l'oignon émincé, poivre, sel, puis les laisser cuire doucement.

Lorsque les canards sont presque cuits, les retirer de la cocotte, les couper en 4 et les mettre en bocaux sans laisser trop de vide.

Ajouter le jus de cuisson passé au tamis.

Fermer hermétiquement et laisser cuire 1 heure 30 minutes à 100°.

Coq au vin

1 coq / 200 g. de lard / 75 g. de saindoux / 1 bouteille de vin rouge corsé / 2 cuillerées à soupe de marc de Bourgogne / 1 bouquet garni / 2 gros oignons / 5 gousses d'ail épluchées / Sel, poivre.

Après avoir nettoyé et coupé le coq en morceaux, le faire dorer de tous les côtés dans une cocotte avec une partie du saindoux.

D'autre part, porter pendant quelques minutes le vin rouge à ébullition. Retirer du feu.

Quand les morceaux de coq sont bien dorés, les retirer de la cocotte, les remplacer par le lard coupé en dés et faire rissoler. Remettre les morceaux de coq dans la cocotte.

Arroser avec le marc chauffé et flambé.

Verser le vin chaud sur cette préparation, ajouter le bouquet garni et cuire 1 heure à feu doux en surveillant la cuisson.

D'autre part, faire revenir les oignons pelés, émincés, avec le reste du saindoux. Les ajouter au coq avec l'ail et le persil hachés. Couvrir à nouveau et laisser cuire 30 minutes.

Mettre en bocaux, fermer et stériliser 1 heure 30 minutes à 100°.

Entreposer les bocaux refroidis à l'abri de la chaleur et de la lumière.

Pâté de canard

1 canard de 2 kg. environ / 150 g. de filet de porc frais / 250 g. de filet de veau / 250 g. de poitrine de porc fraîche / 250 g. de bajoue de porc / 1 truffe et son jus / 30 g. de pistaches / Epices à pâté / 30 g. de sel / 1 verre à madère de cognac / 1 oignon / 2 gousses d'ail / 1 œuf / 1 cuillerée de crème / 1 cuillerée de farine / 1 pincée de noix de muscade.

Désosser le canard et couper toutes les viandes en morceaux, puis les passer au hachoir (trous moyens).

Y ajouter tous les autres ingrédients et malaxer avec une spatule en bois jusqu'à ce que le mélange soit homogène.

Mettre en bocaux et stériliser 2 heures à 100°.

Rillettes d'oie

2 kg. d'oie désossée / 2 kg. de panne de lard gras / 1 branche de thym sec / 3 verres d'eau / 1 feuille de laurier / 3 branches de persil / 1 gros oignon piqué de 4 clous de girofle / Sel, poivre.

Couper l'oie en morceaux, saler, poivrer, saupoudrer de thym émietté et remuer. Laisser macérer 2 heures.

Couper le lard en petits morceaux, le mettre avec 1 verre d'eau dans une cocotte sur feu doux, ajouter les morceaux d'oie, remuer jusqu'à ce que le lard soit fondu.

Retirer le tiers de cette graisse et mettre de côté dans un bol. Ajouter le laurier, le persil, l'oignon et 2 verres d'eau dans la cocotte. Assaisonner, couvrir et faire cuire 6 heures toujours à feu très doux en remuant à la cuillère en bois.

Lorsque l'oie est cuite retirer du feu, enlever les condiments et laisser un peu refroidir.

Emietter la chair et la remettre dans son jus de cuisson.

Goûter et rectifier l'assaisonnement.

Mettre en pots de grès et couvrir avec la graisse prélevée. Mettre du papier de protection et garder dans un endroit frais et aéré.

Foie gras

Conservation : 6 jours au réfrigérateur.

500 g. de foie de canard ou d'oie / 250 g. de beurre fin pasteurisé (le sortir la veille du réfrigérateur) / 15 g. de sel / Poivre / 1 dl. de porto / 5 cl. de cognac.

Nettoyer le foie méticuleusement, le faire macérer 24 heures au réfrigérateur dans un bol hermétique, genre Tuperweare, avec le cognac, le porto, le sel et le poivre.

Retourner les foies au bout de 12 heures.

Mettre dans une casserole et faire frémir à feu doux 10 minutes. Il ne doit plus sortir de sang lorsque l'on pique avec la pointe d'un couteau. Laisser alors refroidir.

Mixer les foies avec le beurre et le jus. Le mélange doit être parfait.

Mettre dans une petite terrine en porcelaine, recouvrir et laisser au réfrigérateur. A consommer dans la semaine.

ADÈRE
DE L'ILE

Foie d'oie à la Quercynoise

1 foie d'oie / 2 truffes / 2 blancs de volaille / 250 g. de viande de porc / 250 g. de lard frais, gras / 1 cuillerée de cognac / Epices à pâté / Barde de lard / Lait.

Bien laver et essuyer les truffes.

Dénerver le foie et le laver au lait froid. L'éponger, le couper en tranches de 2 cm. Saupoudrer d'épices.

Hacher le poulet, la viande de porc et le lard très finement, ajouter le cognac et des épices.

Tapisser des petits bocaux avec de la barde de lard puis répartir de la farce dessus, poser des tranches de foie et alterner farce et foie en répartissant les truffes en lamelles, finir par de la farce et un petit morceau de barde.

Bien tasser et fermer hermétiquement.

Mettre stériliser 2 heures 30 minutes à 100°.

Confit d'oie

1 oie jeune et engraissée / Gros sel.

Découper l'oie en beaux morceaux en éliminant le bout des ailes et la carcasse. Récupérer toute la graisse, la faire fondre doucement.

Déposer les morceaux d'oie dégraissés dans une terrine et couvrir avec du gros sel. Laisser au frais 48 heures.

Sortir les morceaux, bien les essuyer, il ne doit pas rester de sel. Les faire pocher doucement dans la graisse environ 2 heures. Les quartiers d'oie sont cuits lorsqu'en les piquant avec une aiguille il n'en sort plus de sang.

Ranger les morceaux dans des bocaux, couvrir de graisse d'oie. Stériliser 1 heure 30 minutes à 102°.

Dans un pot en grès parfaitement propre verser une couche de graisse, la laisser figer 2 heures au froid, puis ranger les morceaux d'oie refroidis, les couvrir entièrement avec le reste de graisse de cuisson bien décantée afin d'éliminer le jus que la viande a rendu.

S'il manque de la graisse, ajouter du très bon saindoux. Couvrir de papier sulfurisé et d'un couvercle bien étanche. Garder au frais. Ne conserver que 2 à 3 mois.

AGMARK
CURRY
POWDER
BMC

Terrine de faisan

1 faisan et ses abats / Sel, poivre / 1 jaune d'œuf / 1 cuillerée de cognac / 1 barde de lard.

Choisir un faisan (œil brillant, absence d'odeur quand on ouvre le bec, pas de trâce verdâtre). Ne le plumer qu'au moment de le faire cuire.

Le désosser complètement, couper la viande en lamelles, l'assaisonner de sel et de poivre.

Hacher le foie, le cœur, le gésier, mélanger en y ajoutant le jaune d'œuf.

Remplir de petits bocaux (300 g. ou 350 g.) en intercalant faisan et farce, ajouter 1 cuillerée à café de cognac. Couvrir d'une barde de lard frais. Fermer hermétiquement, cuire 1 heure 30 minutes à 100°.

Terrine de lièvre

1 kg. de cuisses et râble de lièvre désossés / 300 g. de porc maigre / 250 g. de foie de porc / 250 g. de poitrine salée de porc / 75 g. de lard fumé / 10 cl. de Porto / 2 cuillerées à soupe de farine / 2 œufs / 15 g. de sel / 1 cuillerée à café de poivre / 1 demi-cuillerée à café d'épices à pâté (facultatif) / 150 à 200 g. de bardes.
Marinade : *20 cl. de vin rouge / 1 oignon haché menu / 1 gousse d'ail pilée / 1 feuille de laurier.*

Tailler les 2/3 du lapin en aiguillettes. Mélanger tous les ingrédients de la marinade, ajouter les aiguillettes, couvrir et laisser mariner au moins 24 heures au réfrigérateur.

Pour la farce, mélanger le reste de lièvre avec le porc, le foie, la poitrine, le lard fumé, l'oignon, l'ail et les épices et passer le tout au hachoir. Ajouter le liquide de la marinade, le Porto, la farine, les œufs battus, le sel, le poivre. Mélanger intimement et laisser reposer 30 minutes.

Remplir des bocaux à viande, en alternant de la farce et des aiguillettes de lièvre. Fermer hermétiquement et faire stériliser 2 heures à 100°.

Rillettes de lapin de garenne

1 lapin de garenne / 500 g. de gorge de porc / 100 g. de poitrine fraîche / 1 bouquet garni / Poivre en grains / Genièvre / 1 dl. de cidre / 5 cl. de Calvados / 1 carotte / 1 poireau / 1 morceau de chou / 5 gousses d'ail / 2 oignons / Laurier / Sel.

Couper la gorge de porc et la poitrine fraîche en morceaux réguliers.

Désosser le lapin entièrement.

Ranger l'ensemble avec le bouquet garni, le poivre, le sel, le genièvre, mouiller avec le cidre, le Calvados, saler, finir à hauteur avec de l'eau. Cuire doucement sur le coin du feu 2 heures 30 minutes à 3 heures.

Prendre un fouet et battre la viande afin que tous les morceaux se détachent en rillettes. Mettre en bocaux. Recouvrir de graisse. Laisser refroidir. Garder au frais.

Terrine de foie de sanglier

400 g. de foie de sanglier / 300 g. de bajoue / 300 g. de porc frais / 2 gros oignons / 2 gousses d'ail / 1 verre à liqueur de cognac / 3 cuillerées à soupe de farine / 1 tasse de crème / Couenne de porc / 30 g. de sel / Feuilles de laurier / Clous de girofle / Poivre / 1 pincée de noix de muscade.

Nettoyer le filament et dénerver le foie. Le hacher ainsi que la bajoue, le porc frais, les oignons, l'ail. Bien mélanger, ajouter les œufs, la farine, le sel, le poivre, le cognac, la crème.

Quand le mélange est bien homogène, mettre en bocaux jusqu'à 2 cm du bord. Couvrir avec 1 feuille de laurier, 1 clou de girofle et 1 petit morceau de couenne. Fermer et stériliser 2 heures à 100°.

Terrine de foie de porc

500 g. de foie de porc / 250 g. de bajoue / 250 g. de porc frais / 2 gros oignons/ 3 gousses d'ail / 1 verre à liqueur de cognac / 2 œufs entiers / 3 cuillerées de farine / 30 g. de sel / Poivre / 1 croûton de pain / 1 tasse de lait.

Nettoyer le foie, enlever toutes les peaux blanches, les nerfs, hacher au hachoir à main le foie, puis la bajoue, le porc frais, les oignons, l'ail, puis le croûton de pain. Bien malaxer le tout, casser les œufs, mélanger, incorporer la farine, le sel, le lait, le poivre et finir par le cognac.

Quand le hachis est bien mélangé, le mettre en bocaux, finir avec 1 feuille de laurier piquée d'un clou de girofle et un carré de couenne de porc frais.

Fermer hermétiquement et cuire 2 heures à 100° au stérilisateur.

Porc en gelée

1 morceau de filet de porc de 500 g. ou de jambon / Sel, poivre / 1 feuille de laurier / 1 petite branche de thym.

Introduire la viande dans un bocal à viande. Ajouter sel, poivre, laurier, 1 petite branche de thym comme pour assaisonner un rôti en cocotte.

Fermer le bocal hermétiquement.

Stériliser 3 heures à 100°.

Saucisses aux haricots

1 kg. de haricots en grains frais / Tomates / 1 saucisse fumée / Sel, poivre.

Mettre les haricots à l'eau froide et les faire cuire en y ajoutant des tomates pelées et coupées en quatre, la saucisse fumée, sel, poivre.

Après 20 minutes de cuisson retirer la saucisse, la couper en morceaux, la répartir dans les bocaux et couvrir de haricots et suffisamment de jus.

Fermer hermétiquement et faire stériliser 1 heure 30 minutes à 100°.

Rillettes de porc

1 kg. d'épaule de porc / 700 g. de panne fraîche / 75 g. de sel / 10 g. de poivre en poudre.

Couper la viande et la panne en petits dés, les faire cuire doucement dans une cocotte pendant 4 heures en tournant régulièrement à la cuillère en bois. Lorsque les rillettes sont bien cuites, retirer une partie de la graisse, la réserver et piler la viande en incorporant le sel et le poivre.

Remettre sur le feu quelques instants puis tasser dans des petits pots en grès ou porcelaine. Laisser refroidir puis verser dessus la graisse mise de côté. Laisser figer, couvrir et ranger.

Fromage de tête de porc

1 demi-tête de porc / 4 pieds de porc / Vinaigre / 1 queue de porc / 1 lit. de vin rosé de qualité / 2 échalotes / 2 gousses d'ail / 1 gros oignon / Laurier.

Mettre la viande à dégorger dans de l'eau courante pendant plusieurs heures. Egoutter et faire cuire le tout 10 minutes dans suffisamment d'eau additionnée de 1 verre de vinaigre. Retirer et égoutter dans une passoire.

Remettre le tout sur le feu avec 3/4 lit. d'eau, 1 gros oignon, du sel, du poivre, 1 feuille de laurier jusqu'à ce que la viande se détache des os. Mettre à refroidir, retirer la viande, la détacher des os, la couper en dés et passer le bouillon à travers un chinois.

Remettre de nouveau cette viande déchiquetée et le bouillon dans une bassine avec 1/4 lit. de vin rosé de préférence, un nouet d'épices (ail, échalote, laurier). Cuire le tout 20 minutes, vérifier la salaison en goûtant. Retirer le nouet et mettre en bocaux ébouillantés.

Fermer et stériliser 1 heure 30 minutes à 102°.

Langue de bœuf à la tomate

1 langue de bœuf tendre / 1 poireau / 2 carottes / 1 bouquet garni / 1 feuille de laurier / Sel.

Bien nettoyer la langue de bœuf, mettre au sel pendant 8 jours, la retirer, la faire blanchir, enlever la peau, puis faire cuire à la façon pot-au-feu. Surveiller afin que la langue reste ferme. Egoutter.

Faire une purée épaisse de tomates, allonger avec un peu de jus de cuisson de la langue.

Couper la langue en tranches épaisses.

Mettre dans les bocaux un peu de tomate, 1 tranche de langue, et ainsi de suite jusqu'à 2 cm du bord.

Fermer hermétiquement et faire cuire 1 heure 30 minutes à 100°.

Servir avec des pâtes et du riz.

Bœuf aux carottes

2 kg. de bœuf à braiser / Saindoux / 2 oignons / 1/2 lit. de vin blanc / Sel, poivre / Bouquet garni / 1 kg. de carottes.

Faire des morceaux de 300 g. environ.

Les faire rissoler en cocotte avec du saindoux et les oignons émincés, mouiller jusqu'à couvrir avec de l'eau et du vin blanc sec, saler, poivrer, ajouter le bouquet garni, couvrir et laisser cuire 1 heure environ (surveiller la cuisson, afin que la viande soit toujours dans le jus et qu'elle n'attache pas) en remuant à la spatule.

Eplucher les carottes, les laver, les couper en rondelles, les ajouter à la viande et les cuire pendant 45 minutes.

Laisser un peu tiédir, répartir alors les légumes et la viande dans les bocaux ébouillantés, fermer hermétiquement et cuire 1 heure 30 minutes au stérilisateur à 100°.

Ragoût de bœuf au fenouil

1 kg. de tomates / 1 verre et demi de vin blanc sec / 6 pieds de fenouil / 6 gros oignons / 2 kg. de bœuf à braiser / Sel, poivre.

Couper la viande en gros dés, faire revenir dans du saindoux les oignons pelés, hachés, y ajouter les morceaux de viande, laisser mijoter en remuant à la spatule pendant 20 minutes, ensuite ajouter les tomates épluchées et épépinées, saler, poivrer, ajouter 1 verre d'eau et 1 demi-verre de vin blanc sec. Laisser cuire 1 heure 30 minutes en surveillant.

Pendant cette cuisson, nettoyer, fendre en quartiers les pieds de fenouil, les blanchir 15 minutes à l'eau bouillante, les égoutter et les mettre avec le bœuf pendant les 20 dernières minutes. Répartir bœuf et légumes dans les bocaux, fermer hermétiquement et stériliser 1 heure 30 minutes à 100°.

Cassoulet

6 tomates / 3 kg. de haricots secs / 1 rôti de porc de 1 kg. / Un peu de poitrine de mouton / 1 saucisson à l'ail / Gousses d'ail / Sel, poivre.

La veille faire tremper les haricots dans une bassine d'eau froide, les retirer puis les cuire à la graisse d'oie en ajoutant le porc, la poitrine de mouton, le saucisson à l'ail.

Après 30 minutes de cuisson, ajouter les tomates pelées et coupées en deux, l'ail et l'assaisonnement.

Laisser cuire doucement jusqu'à cuisson complète de la viande.

Retirer la viande, la couper en petits morceaux et mélanger aux haricots.

Mettre en bocaux, fermer hermétiquement et faire cuire 1 heure 30 minutes à 102°.

Au moment de la dégustation on pourra compléter par un morceau de saucisse de Toulouse grillée.

Marmelade de cerises et groseilles

2 kg. de cerises / 500 g. de groseilles rouges / 600 g. de sucre par kg. de fruits.

Dénoyauter les cerises et presser les groseilles.

Mélanger les fruits et le jus, peser et ajouter le sucre correspondant.

Verser le tout dans une bassine, cuire à feu vif pendant 10 minutes, mettre en bocaux et stériliser 5 minutes à 100°.

Cette marmelade est délicieuse sur des crêpes ou pour garnir un biscuit roulé.

Marmelade insolite

Pamplemousses, citrons, oranges, poires / 1 kg. de sucre cristallisé par kg. de pulpe de fruits / 1 poignée de raisins secs et 1 poignée de cerneaux de noix pour 2 kg. de pulpe hachée.

Couper les pamplemousses, les oranges et les citrons en tranches fines, éliminer les pépins. Peler les poires, les couper en quatre et retirer le cœur.

Peser tous les fruits et les hacher avec la grille à gros trous. Ajouter un poids égal de sucre en poudre, bien remuer. Couvrir la préparation et laisser macérer une nuit.

Mettre dans la bassine à confiture et porter lentement à ébullition. Laisser frémir 10 minutes en remuant avec une spatule en bois, ajouter les raisins secs et les noix décortiquées, laisser de nouveau cuire 1 minute.

Mettre en bocaux et faire stériliser 10 minutes à 90°.

Cette marmelade est utilisée de différentes façons, pour garnir des tartelettes, comme condiment pour rehausser du gibier, ou tartinée sur du pain.

Marmelade de mirabelles

3 kg. de mirabelles / 1 kg. de sucre.

Choisir des mirabelles peu mûres. Les équeuter, les dénoyauter et les peser, ajouter le sucre cristallisé.

Faire cuire à feu doux, en remuant à la spatule ; dès que les mirabelles sont cuites, les mettre en bocaux.

Ranger les bocaux dans le stérilisateur et porter à 100° pendant 5 minutes.

Cette marmelade se sert au goûter et peut très bien agrémenter des gaufres, des crêpes. Le parfum subtil de la mirabelle n'est pas détruit, ni par le sucre, ni par une cuisson trop poussée.

Marmelade de nèfles

1,2 kg. de nèfles / 750 g. de sucre / 1 verre de vin de muscat.

Attendre les premières gelées pour cueillir les nèfles et ramasser celles qui sont tombées et qui sont blettes.

Les laver délicatement.

Les mettre dans une casserole d'eau froide et porter à ébullition pendant 10 minutes.

Les égoutter et les passer au moulin à légumes. On obtient environ 1 kg. de purée de fruits.

A cette purée on ajoute le sucre, cuire à nouveau 10 minutes, ajouter le muscat, prolonger la cuisson 5 minutes en remuant à la spatule en bois.

Mettre en bocaux ébouillantés, fermer et faire stériliser 10 minutes à 100°.

Compote de poires

2 kg. de poires / 1 citron / 1 bâton de cannelle / 500 g. de sucre.

Eplucher les poires mûres à point et les jeter entières ou par quartiers dans de l'eau froide acidulée d'un jus de citron.

Quand elles sont blanchies, les mettre au feu avec le sucre, le zeste du citron, un peu de cannelle. Après cuisson, réduire en purée et mettre en bocaux.

Stériliser 10 minutes à 100°.

Compote de pommes

1 kg. de pommes / 250 g. de sucre / 2,5 dl. d'eau / Cannelle.

Peler les pommes mûres, enlever le cœur, les couper en morceaux, les faire cuire avec de la cannelle, 1 verre d'eau chaude et le sucre.

Passer la compote et la mettre en bocaux. Faire stériliser 10 minutes à 100°.

Marmelade de rhubarbe

1 kg. de rhubarbe / 800 g. de sucre / 1 orange.

Choisir de belles tiges fermes, les laver, les peler, les couper en morceaux de 2 cm.

Les mettre dans une bassine avec 2 cuillerées à soupe d'eau par kg. de rhubarbe.

Couvrir et faire chauffer doucement.

Dès qu'elle est moelleuse, la retirer du feu et la passer au mixer. Y ajouter le sucre et le jus d'orange.

Amener à nouveau à ébullition pendant 10 minutes, en remuant continuellement afin d'éviter qu'elle attache au fond de la bassine.

La mettre en bocaux et stériliser pendant 10 minutes à 100°.

Cette marmelade sera prête pour garnir une tarte ou à manger en tartine.

Sirop d'abricot

2 kg. d'abricots / 1 lit. d'eau / Même poids de sucre que de jus.

Laver les abricots, les dénoyauter, les couper en morceaux et les faire cuire dans l'eau jusqu'à ce qu'ils soient attendris.

Les écraser dans le jus et laisser reposer pendant 24 heures. Filtrer.

Peser le jus et ajouter le même poids de sucre. Porter à ébullition et cuire doucement 5 minutes. Ecumer et mettre en flacons ébouillantés et égouttés.

Boucher et garder au réfrigérateur.

Sirop de cassis

1,5 kg. de cassis égréné / 2 kg. de sucre / 1 lit. d'eau.

Faire bouillir le sucre et le litre d'eau pendant 10 minutes, ajouter le cassis et prolonger la cuisson pendant 10 minutes.

Passer en pressant les fruits à travers un chinois, filtrer. Chauffer pour faire un bouillon et mettre en bouteilles.

Sirop de cerise

2 kg. de jus / 2,5 kg. de sucre.

Piler les cerises en écrasant également les noyaux. Laisser macérer pendant 24 heures. Passer à travers une gaze puis un linge.

Peser le jus et ajouter le sucre correspondant. Mettre le tout sur le feu, laisser faire 2 ou 3 bouillons, écumer, mettre en bouteilles et fermer hermétiquement avec des capsules en caoutchouc.

Si l'on utilise le jus des cerises qui ont servi pour la pâte de cerises, lui ajouter des noyaux broyés pour la fermentation.

Conserve de jus de fruits rouges

Choisir des fruits, fraises, framboises, groseilles (essayer de trouver des fraises des bois et des framboises sauvages pour mélanger aux fruits cultivés).

Laver les fruits, les écraser au travers d'un tamis de nylon (ne pas employer de fer, même étamé pour passer des fruits).

Avec le jus obtenu remplir des bocaux de 250 g. Fermer hermétiquement et stériliser pendant 25 à 30 minutes à 100°. Laisser refroidir dans l'eau.

Ces jus de fruits sont excellents pour faire des glaces ou des sorbets ou encore des coulis de fruits pour napper sorbets ou charlottes.

On peut mixer de la pulpe d'abricots, de pêches, du melon, des cerises dénoyautées et les mettre en conserve de cette manière pour faire ensuite des glaces.

Sirop de framboise

1 kg. de jus / 2 kg. de sucre / Vinaigre de vin blanc.

Disposer les framboises dans un bocal, les couvrir de vinaigre de vin blanc, fermer hermétiquement et mettre à la cave au frais et au noir. Après 15 jours de macération verser le tout sur un tamis et presser.

Peser le jus et l'additionner de sucre. Chauffer au bain-marie, en remuant ; quand le sucre est fondu, laisser refroidir et mettre en bouteilles.

Ces boissons additionnées de plusieurs fois leur volume d'eau sont très rafraîchissantes et très appréciées au cours de l'été.

Sirop de groseille

Groseilles / 1 kg. de sucre par 500 g. de jus.

Choisir des groseilles rouges bien mûres. En extraire le jus et le laisser reposer 24 heures.

Peser ce jus, le mettre dans un faitout émaillé et y ajouter le sucre correspondant. Laisser cuire 3 bouillons, écumer.

Mettre en bouteilles et fermer hermétiquement.

Sirop de mûre

1 kg. de mûres / 1 lit. de vin rouge / 1 kg. de sucre par litre de jus.

Faire macérer les mûres dans le vin rouge pendant 48 heures.

Presser les fruits, ajouter le sucre correspondant. Faire bouillir en remuant pendant 5 minutes.

Mettre en bouteilles, boucher hermétiquement immédiatement. Garder au frais.

Sirop d'orange

1 kg. de sucre / 3 oranges non traitées / 1 demi-citron.

Verser 1/2 lit. d'eau bouillante sur le sucre, ajouter les zestes râpés des oranges et le jus de citron.

Laisser macérer 24 heures et filtrer. Garder au frais.

Sirop d'oranges
Sirop de fraises

Pâte de cerises

700 g. de sucre en poudre et 250 g. de groseilles par kg. de cerises / Sucre cristallisé.

Equeuter, dénoyauter les cerises. Les écraser pour en extraire le jus. Il peut servir éventuellement à la fabrication de sirop.

Verser la pulpe de cerise dans une casserole à fond épais.

Egrener les groseilles, dans une casserole émaillée, les faire crever sur le feu et les passer dans un tamis pour en récupérer le jus.

Verser ce jus de groseille dans la casserole contenant la pulpe de cerise, ajouter le sucre correspondant ; bien mélanger.

Cuire à feu doux et laisser épaissir lentement jusqu'à ce que la pâte se détache de la casserole.

Dans un grand plat légèrement huilé et saupoudré de sucre cristallisé ou un couvercle métallique de boîte à gâteaux, verser et égaliser la pâte sur 1 cm d'épaisseur, saupoudrer également le dessus de sucre cristallisé.

Après 2 à 3 jours de séchage, couper la pâte en carrés et les conserver à l'abri de l'humidité, dans une boîte métallique.

Pâte de coings

500 g. de purée de coings / 650 g. de sucre.

Cette conserve supplémentaire est intéressante et évite de jeter les coings cuits pour faire la gelée. Les passer au moulin.

Mélanger la pulpe de coing et le sucre et faire cuire jusqu'à ce que le mélange soit compact et que l'on voie nettement le fond de la bassine dans le sillage laissé par la spatule. Veiller à ce que la pâte n'attache pas au fond la bassine, en remuant sans interruption.

Couler la pâte sur un marbre saupoudré de sucre, l'étaler d'environ 3 centimètres d'épaisseur et laisser sécher à l'abri de la poussière plusieurs jours.

Couper en morceaux, losanges, carrés, ronds... et laisser encore sécher sur grill avant de les mettre en boîte.

Se conserve plusieurs mois.

La pâte de pommes se fait de la même manière.

La plupart des fruits conviennent pour faire de la pâte de fruits.

Photo P. Fischer

Pâte de cassis ou de mûres

500 g. de pulpe de cassis / 500 g. de sucre / 1 dl. d'eau.

Laver et égrapper les cassis.

Les chauffer avec l'eau pour faire crever les grains.

Verser sur un tamis et presser pour obtenir la pulpe. La peser.

Mélanger celle-ci avec le sucre et faire cuire en remuant pour épaissir.

Quand la pâte se détache de la casserole, verser sur des grands plats saupoudrés de sucre cristallisé (1,5 cm d'épaisseur).

Après 4 à 5 jours de séchage, couper en carrés, en losanges, et mettre à l'abri de l'humidité dans des boîtes métalliques.

Ces bonbons se conservent plusieurs mois.

Confiture du mendiant

1 kg. de fruits séchés : 250 g. d'abricots, 250 g. de pruneaux, 250 g. de pommes séchées en quartiers, 250 g. de raisins secs / 1/2 lit. de thé très fort / 1 gousse de vanille / Sirop : 300 g. de sucre, 1 demi-verre d'eau / 50 cl. de rhum blanc.

Mettre les fruits dans une bassine, les arroser avec le thé très fort et bouillant, les laisser macérer 12 heures. Retirer les fruits, les égoutter et les sécher dans du papier absorbant.

Dans un grand bocal ranger tous ces fruits en les alternant. Glisser la gousse de vanille fendue au milieu.

Faire un sirop épais avec le sucre et 1 demi-verre d'eau, laisser refroidir puis incorporer le rhum blanc.

Verser ce sirop sur les fruits de manière à les recouvrir complètement. Laisser macérer un mois avant de consommer.

Confiture de vieux garçon

750 g. de sucre par kg. de fruits / Eau-de-vie neutre.

Tous les fruits : fraises, groseilles, framboises, cassis, cerises griottes, mirabelles, abricots, etc. peuvent être conservés à l'eau-de-vie au fur et à mesure de leur maturité.

Commencer par les premiers fruits, les fraises. Verser les fruits sains et propres dans un grand bocal en alternant des couches de fruits et de sucre. Couvrir le tout avec de l'eau-de-vie, fermer le bocal et le laisser dans un endroit sec et au frais en attendant d'ajouter d'autres fruits.

La quantité de sucre doit toujours être en fonction de celle des fruits ajoutés. L'eau-de-vie doit toujours couvrir complètement les fruits.

Cette confiture doit être faite assez rapidement, laisser reposer au sec et à l'abri de la lumière, un mois avant de déguster.

Cerises à l'eau-de-vie

*1 kg. de cerises aigres (griottes) / 1 kg. de sucre en poudre / 1 lit. de kirsch ou d'alcool neutre *.*

Couper les queues des cerises à 1 centimètre, les essuyer et les ranger par couche dans un bocal en alternant avec une couche de sucre en poudre, ajouter du kirsch. Les fruits doivent en être entièrement recouverts. Couvrir.

Retourner le bocal toutes les semaines.

Laisser reposer 1 mois avant de consommer.

** L'eau-de-vie blanche et neutre d'au moins 50° est celle qui convient le mieux pour une conservation prolongée puisque en se mélangeant au jus des fruits son degré baisse.*

Raisin au marc

1,5 kg. de raisin dattier / Marc / 100 g. de sucre candi.

Laver le raisin dans une passoire, l'égrapper.

Disposer les grains sur un linge propre afin qu'ils s'égouttent. Les piquer et les mettre dans un bocal.

Recouvrir les fruits avec le marc, ajouter le sucre candi et fermer le bocal.

Laisser macérer 1 mois au moins avant de consommer.

Pour les fruits à l'alcool, éviter de prendre du sucre cristallisé qui ne fond pas dans l'alcool et meurtri les fruits.

Prunes à l'eau-de-vie

Thé bouillant / Prunes / Eau-de-vie / 200 g. de sucre / Cannelle en poudre / 2 clous de girofle.

Piquer les prunes jusqu'au noyau. Les plonger dans le thé bouillant 7 à 8 minutes. Les égoutter et les mettre dans un bocal. Les couvrir d'eau-de-vie et les laisser macérer 15 jours. Prélever l'alcool.

Faire un sirop avec le sucre et 1 verre d'eau. Mélanger avec l'alcool et verser dans les bocaux sur les fruits.

Attendre 1 mois avant de consommer.

** L'eau-de-vie blanche et neutre d'au moins 50° est celle qui convient le mieux pour une conservation prolongée puisque en se mélangeant au jus des fruits baisse en degré.*

Reines-claudes à l'eau-de-vie

Reines-claudes / Vinaigre / Sel / Cannelle / 2 clous de girofle / Eau-de-vie / Sirop : 2 dl. d'eau, 200 g. de sucre.

Blanchir les reines-claudes quelques minutes dans de l'eau bouillante. Les retirer avant que la peau s'en détache.

Les piquer avec une grosse aiguille et les plonger dans de l'eau additionnée d'un peu de vinaigre. Les égoutter.

Faire bouillir de l'eau légèrement salée et y faire pocher les reines-claudes 5 minutes. Les égoutter.

Faire pocher les fruits dans le sirop le temps d'un bouillon. Les retirer et les disposer dans un bocal avec un peu de cannelle et 2 clous de girofle.

Allonger le sirop avec une quantité égale d'eau-de-vie et le verser sur les reines-claudes.

Pruneaux à l'armagnac

500 g. de gros pruneaux / 200 g. de sucre / 1/4 lit. d'eau / 1 citron non traité / 1 bâton de vanille / 1/2 lit. d'armagnac.

Faire dissoudre le sucre dans l'eau, chauffer doucement, ajouter le zeste du citron et le bâton de vanille fendu. Dès que le mélange bout, le retirer du feu et le verser bouillant sur les pruneaux ; couvrir d'un linge et laisser macérer 12 heures.

Retirer le zeste du citron et le bâton de vanille, mettre les pruneaux dans un bocal ébouillanté séché. Mélanger le sirop avec l'armagnac et le verser sur les pruneaux.

Boucher et laisser reposer 1 mois avant de déguster.

Choucroute de choux

500 g. de sel pour 10 kg. de choux / Poivre en grains / Laurier.

En novembre choisir des choux bien serrés et beaux, supprimer les feuilles vertes et les grosses côtes. Nettoyer les choux, enlever le milieu, passer au rabot à choucroute.

Dans un grand pot en grès, bien tasser un lit de choux, saupoudrer de sel, alterner les couches jusqu'à 1 cm du bord du pot en grès.

Ajouter un peu de poivre en grains, un peu de laurier, surtout bien tasser. Couvrir avec un linge et une grosse pierre dessus préalablement bien nettoyée.

Au bout d'un mois la choucroute est consommable.

Haricots verts au sel

500 g. de sel pour 10 kg. de haricots.

Effiler les haricots, les laver, les égoutter et les mettre dans un pot en grès en alternant une couche de sel, une couche de haricots jusqu'en haut, finir par du sel.

Recouvrir d'un linge blanc et poser dessus une rondelle de bois et une grosse pierre très propre pour faire pression.

Le lendemain achever le remplissage par des haricots et du sel.

Placer ce pot dans un endroit frais et sec.

Lorsque la saumure est formée (15 jours environ), verser dessus du saindoux ou de l'huile. Recouvrir d'un linge bien tendu.

Pour la cuisson de ces haricots, il faut sortir la quantité voulue du pot, les faire tremper, pour les dessaler, 24 heures, dans différentes eaux froides et les cuire normalement.

Variante :

Remplir le pot au maximum, tasser les haricots avec un poids et arroser avec une solution de 200 g. de sel par litre d'eau.

Après 15 jours, lorsque la mousse de fermentation apparaît, la retirer et prélever la saumure, la faire bouillir et la verser sur les haricots. Tasser avec un linge et une planche surmontée d'une grosse pierre.

La fabrication familiale de la choucroute. *(Photo S.A.E.P./A. Thiébaut)*

Betteraves rouges au vinaigre

1 kg. de betteraves par bocal d'un litre / 25 cl. de vinaigre de vin blanc / 20 petits oignons / 10 grains de poivre / 1 clou de girofle.

Faire cuire les betteraves à l'eau salée, les laisser refroidir, les éplucher, les couper en rondelles et les mettre en bocaux.

Répartir les petits oignons épluchés, les grains de poivre, le clou de girofle dans le bocal et couvrir de vinaigre blanc. Laisser macérer 1 mois avant de consommer.

Servir en salade juste additionnées d'huile, d'oignons en rondelles ou avec de la mâche, des endives, des pissenlits.

Cerises au vinaigre

1 lit. de vinaigre de vin blanc / 10 grains de poivre / 2 kg. de cerises blanches si possible / Sucre / 3 clous de girofle / 1 feuille de laurier.

Couper les queues des cerises en ne laissant qu'un centimètre, les laver et bien les sécher sur un linge très absorbant.

Les placer dans des bocaux ébouillantés et séchés, poudrer légèrement de sucre.

Mettre dans une casserole le vinaigre de vin, les grains de poivre, les clous de girofle, la feuille de laurier. Porter à ébullition, saler légèrement, laisser bouillir 5 minutes puis refroidir. Lorsque cette préparation est froide, la verser sur les cerises et faire macérer 24 heures.

Le lendemain retirer le vinaigre des bocaux, y ajouter un grand verre de vinaigre et faire à nouveau bouillir pendant 5 minutes. Laisser refroidir et couvrir entièrement les cerises avec ce vinaigre. Boucher hermétiquement.

Laisser macérer un mois avant de s'en servir. Ces cerises s'emploient en condiment avec de la charcuterie ou des viandes rôties ou même bouillies (pot-au-feu).

Champignons de pins à l'huile

Champignons, petits de préférence / 1 lit. d'huile / 75 cl. de vinaigre / Sel, poivre en grains / Thym / Laurier / Marjolaine.

Nettoyer et essuyer les champignons.

Selon la quantité de champignons faire cuire un mélange d'huile, vinaigre, sel, poivre, épices, 15 minutes.

Ajouter les champignons et prolonger la cuisson 15 minutes.

Mettre en pot et conserver à l'abri de la lumière.

Conserves de cèpes à l'huile

Pour 4 bocaux d'un litre : *3 kg. de cèpes très frais / 3 lit. d'huile d'olive.*

Nettoyer les cèpes, les essuyer avec soin, couper les parties abîmées, mais éviter de les laver.

Couper les champignons en morceaux.

Chauffer dans une cocotte en fonte la moitié de l'huile et quand elle est bien chaude y jeter les champignons par poignée, les laisser revenir et juste avant qu'ils ne colorent, les retirer et les égoutter avec soin. Les laisser refroidir ainsi que l'huile de cuisson. Passer cette huile dans un tamis à travers une gaze.

Mettre les champignons dans des bocaux préalablement ébouillantés et séchés. Répartir dans chacun l'huile refroidie, compléter avec le reste de l'huile. Attention les champignons doivent être recouverts. Fermer à l'aide de caoutchoucs ébouillantés.

Stériliser les bocaux pendant 1 heure 30 minutes à 100°.

Laisser refroidir les bocaux dans l'eau de stérilisation.

Ranger dans un endroit frais.

Cornichons au vinaigre chaud

Cornichons / 1 lit. de vinaigre de vin blanc par kg. de cornichons / Sel / 10 grains de poivre / 1 branche d'estragon / 100 g. de petits oignons.

Brosser, essuyer et mettre mariner les cornichons au sel.

Après 24 heures de macération les retirer de la saumure, faire bouillir du vinaigre de vin blanc avec estragon et grains de poivre. Y jeter les cornichons par petites quantités, les retirer au 1er bouillon, les entasser dans des bocaux et les couvrir de vinaigre chaud. Laisser refroidir, boucher hermétiquement.

Cornichons façon maison

Cornichons / Sel / Vinaigre de vin blanc / 1 petite branche d'estragon / 10 petits oignons blancs / 10 grains de poivre.

Brosser, essuyer et faire macérer les cornichons au sel. Le lendemain les essuyer.

Faire bouillir de l'eau dans une casserole, y jeter les cornichons, les retirer au 1er bouillon et après refroidissement les ranger dans un bocal avec 1 branche d'estragon, répartir quelques petits oignons et du poivre en grains. Couvrir de vinaigre froid.

Cornichons au vinaigre froid

Cornichons / Vinaigre blanc / Sel / 10 grains de poivre et 1 branche d'estragon par bocal / Petits oignons blancs.

Choisir des cornichons fermes, les brosser, les essuyer, les saupoudrer de sel et les y laisser macérer 24 heures.

Les retirer de leur saumure et les sécher dans un linge très propre, les ranger dans un bocal, ajouter les grains de poivre, 1 branche d'estragon, des petits oignons épluchés et couvrir de vinaigre blanc.

Laisser macérer un mois avant de consommer.

Petits oignons au vinaigre chaud

1 kg. de petits oignons frais / Vinaigre / 2 clous de girofle / 2 feuilles de laurier.

Peler les petits oignons sous l'eau, les couper.

Mettre dans une casserole du vinaigre, les clous de girofle, les feuilles de laurier, le sel et le poivre en grains.

Porter à ébullition et y plonger les oignons, ne laisser bouillir que quelques instants.

Egoutter alors les oignons en les retirant à l'aide d'une écumoire et laisser refroidir.

Mettre en bocaux et verser dessus le vinaigre de cuisson. Laisser bien refroidir avant de boucher hermétiquement.

Attendre 1 mois avant de consommer.

Poivrons au vinaigre

Poivrons / Vinaigre de vin / 1 branche d'estragon / Poivre.

Enlever les graines et la partie blanche des poivrons, les couper en lamelles.

Faire bouillir le vinaigre avec la branche d'estragon et le poivre. Y jeter les poivrons, les retirer au premier bouillon, les entasser dans les bocaux et les couvrir de vinaigre chaud. Laisser refroidir. Boucher hermétiquement.

Pour garnir les plats, il est conseillé de mettre en bocaux des poivrons verts et des poivrons rouges.

Tomates rouges au vinaigre

Petites tomates cerises peu mûres / 4 grains de poivre par bocal / Basilic / Vinaigre blanc.

Laver, essuyer et mettre les tomates dans des petits bocaux sans trop les tasser pour qu'elles ne s'écrasent pas.

Ajouter le poivre, une petite branche de basilic et remplir de vinaigre. Boucher.

Laisser macérer 1 mois. La conservation n'est que de quelques mois.

Tomates vertes au vinaigre

Par bocal d'un litre : *Petites tomates vertes / Sel / 10 grains de poivre / 2 clous de girofle / Vinaigre blanc.*

A la fin de la saison, lorsque l'on sait que les tomates ne mûriront plus, choisir les petites tomates vertes, les laver.

Dans une casserole faire bouillir de l'eau salée, y jeter les tomates par petite quantité, les sortir après 1 minute d'ébullition et les égoutter.

Mettre les tomates dans un saladier et les couvrir de vinaigre. Laisser macérer 24 heures et les retourner de temps en temps.

Retirer les tomates, les égoutter, les mettre en bocaux en y ajoutant 10 grains de poivre, 2 clous de girofle par bocal.

Faire bouillir le vinaigre pendant 5 minutes, le laisser refroidir et le verser dans les bocaux (les tomates doivent être entièrement couvertes).

Fermer hermétiquement les bocaux et les disposer dans un endroit frais à l'abri de la lumière.

Ne consommer qu'au bout d'un mois.

Vinaigre
blanc

Pickles

1 chou-fleur / Petits oignons blancs / Cornichons / 2 petits piments rouges / 1 branche de fenouil / 250 g. de farine de moutarde pour 1 lit. de vinaigre / 10 grains de poivre / 1 branche d'estragon.

Détailler le chou-fleur en bouquets, peler les oignons, laver, brosser les cornichons.

Faire macérer pendant 15 jours les petits bouquets de chou-fleur blanchis, les oignons et les cornichons dans du vinaigre aromatisé avec le fenouil, l'estragon, les piments et les grains de poivre.

Après ce temps prélever le vinaigre, le verser en remuant sur la farine de moutarde. Battre la préparation, puis la verser dans les bocaux sur les légumes. Boucher les récipients et les mettre au frais.

Condiments aux fruits

2 dl. de vinaigre de vin / 1 cuillerée à café de sel / 1 cuillerée à café de cumin en grains / 200 g. de sucre roux / 50 g. de raisins secs / 3 gousses d'ail ou 2 très grosses / 1 boîte de 250 g. d'ananas / 2 poires fermes / 3 pommes.

Eplucher poires et pommes, couper les fruits en dés, hacher l'ail.

Dans une cocotte en fonte faire cuire doucement les fruits et l'ail en remuant de temps en temps à la spatule en bois afin que les fruits n'attachent pas à la cocotte.

Après 15 minutes de cuisson ajouter les raisins préalablement lavés à l'eau chaude, le sucre, le sel, le vinaigre, le cumin.

Faire cuire encore 30 minutes doucement, sans cesser de surveiller la cuisson.

Laisser refroidir.

Mettre en pots. Laisser macérer 1 mois avant de consommer.

A utiliser pour accompagner les volailles et les viandes blanches.

Huile au basilic

2 branches de basilic / 4 gousses d'ail / 1 lit. d'huile d'olive / 1 branche de sauge / 10 grains de poivre non concassés / 5 grains de coriandre.

Laver et sécher les herbes pendant 1 jour.

Peler et écraser les gousses d'ail, les mettre dans une bouteille avec les herbes, le poivre et la coriandre. Remplir le flacon d'huile et laisser macérer 15 jours avant d'utiliser.

Cette huile peut être utilisée pour des salades estivales de légumes, mais également pour mettre sur des pizzas.

On peut également utiliser les feuilles de basilic pour parfumer un minestrone.

Huile au laurier

1 petite branche de feuilles de laurier / 3/4 lit. d'huile d'olive / 10 grains de poivre blanc.

Laver, sécher le laurier, le placer dans une bouteille avec le poivre.

Remplir la bouteille d'huile. Laisser macérer 1 mois avant l'utilisation.

Pour assaisonner les salades de tomates, concombres, poivrons.

Huile aux herbes

1 tige de thym / 1 tige de romarin / 10 grains de poivre / 2 échalotes / 1 feuille de laurier / 1 lit. d'huile d'olive.

Laver et mettre sécher les herbes une journée.

Eplucher les échalotes et les couper en rondelles.

Mettre les herbes, les échalotes, les grains de poivre dans une bouteille et remplir d'huile. Laisser macérer 15 jours.

On peut remplacer les échalotes par 2 gousses d'ail broyées.

Ces huiles servent à badigeonner les viandes grillées.

Huile au piment

1 lit. d'huile d'arachide / 1 piment rouge / 1/2 poivron rouge / 1/2 poivron vert / 3 gousses d'ail.

Peler et écraser grossièrement les gousses d'ail.

Laver et égrainer le poivron, enlever la partie blanche et couper en fines lanières ainsi que le piment.

Mettre le tout dans un flacon et couvrir d'huile.

Après 15 jours de macération, filtrer et mettre en bouteilles.

Cette huile convient pour assaisonner des salades de pommes de terre, carottes ou pour faire la ratatouille.

Vinaigre à l'estragon

1 branche d'estragon / 1 branche de fenouil / 3 clous de girofle / 1 lit. de vinaigre de vin blanc.

Laver les herbes, les laisser sécher une journée.

Placer les herbes et les clous de girofle dans une bouteille, recouvrir de vinaigre. Bien fermer la bouteille. Mettre macérer au soleil 15 jours.

Toutes les salades printanières.

Vinaigre aux framboises

1 kg. de framboises / 3/4 lit. de vinaigre de vin blanc.

Laver, égoutter et mettre les framboises dans une terrine. Les écraser.

Verser le vinaigre sur la pulpe des framboises. Couvrir et laisser macérer une semaine en remuant chaque jour.

Filtrer la macération à travers un linge. Mettre en bouteilles et boucher.

Pour assaisonner des salades, à l'avocat, de fonds d'artichauts, d'endives et pommes, de magrets de canard.

Liqueur de cassis

1 kg. de cassis / 1/2 lit. d'eau-de-vie neutre / 500 g. de sucre.

Faire macérer dans un bocal d'un litre des cassis préalablement nettoyés dans de l'alccol neutre de fruits pendant 2 mois minimum.

Après cette macération passer les cassis et les tordre au torchon. Récupérer le jus.

Faire un sirop avec le sucre et 2 verres d'eau et le verser dans l'alcool aux cassis.

Mettre en bouteille.

Liqueur de cerise

1 kg. de cerises noires / 1 lit. d'eau-de-vie / 350 g. de sucre.

Dénoyauter les cerises, les écraser, concasser la moitié des noyaux.

Mettre le tout dans un bocal, couvrir avec l'eau-de-vie, fermer. Laisser macérer 1 mois.

Passer alors en pressant les fruits, ajouter le sucre au jus recueilli, le remettre dans le bocal. Attendre quelques jours que le sucre ait fondu, puis décanter et embouteiller.

Liqueur de framboise

1 kg. de framboises / 1 lit. d'alcool à fruits / 10 cl. de cognac / Sirop : 400 g. de sucre, 2 verres d'eau.

Mettre les framboises macérer dans un bocal en les couvrant d'alcool, 2 mois environ.

Après ce temps, filtrer.

Faire un sirop avec le sucre et l'eau et le verser dans l'alcool aux fruits avec le cognac. Mettre en bouteilles.